EDICT DV ROY,

PORTANT CREATION

& augmentation en tiltre d'Office
formé, en chacun Bureau des Generalitez de ses Finances, de certain
nombre de Conseillers & Tresoriers
generaux de France.

*Verifié en la Cour de Parlement, Chambre des
Comptes & Cour des Aydes, le 8. Auril 1622.*

A PARIS,

Chez FED. MOREL, & P. METTAYER,
Imprimeurs ordinaires du Roy.

M. DCXXII.

Auec Priuilege de sa Majesté.

(31)

OVIS par la grace de Dieu Roy de France & de Nauarre , A tous presens & à venir , Salut. Dieu ayant dissipé la pluspart des mouuemēs passez depuis plusieurs années cōsecutiues en diuerses Prouinces de nostre Royaume , auec les bons & sages Conseils qui nous ont esté donnez d'y opposer plustost la douceur que la force & puissance qu'il nous auoit mise en main : Nous nous sommes souuentefois seruis de ceste voye pour espargner le sang , & destourner de dessus nos peuples les maux qu'ils eussent peu receuoir des pernicieux accidens d'vne guerre ciuile, preferant en cela les interests & aduantages de ceux qui y estoient entrez contre leur deuoir , & la raison & iustice que nous en pouuions tirer par l'auctorité de nos armees : Lesquelles aussi nous auons negligé d'y employer & faire valoir , quand nous auons veu que l'impunité du passé donnoit licence à nouuelles entreprifes , ainfi que chacun a peu recognoiftre , principalement aux deux dernieres occafions de l'année paffee & la prefente , ayans tenu des armees en plufieurs Prouinces en mefme temps auec celles que nous auons commandees en perfonne: Comme encores à prefent , outre celles que nous faifons mettre en Mer , nous en auons fur pied , que nous pouuons dire auoir efté iufques icy benies du Ciel, & fauorifees des effects que nous auons toufiours attendus de la Iuftice de Dieu , & de la droicture de nos intentions portees feulement à fa gloire , à la manutention de la Paix & tranquillité de noftre Royaume, & à l'affermiffement de noftre auctorité. Mais comme nous n'auons peu porter le faix de tant d'exceffiues defpenfes, fans recourir aux moyens extraordinaires pour l'entretement defdites armees , foit par creation d'Offices nouueaux, ventes & reuentes de nos Domaines, conftitutions & allienations de rentes fur les deniers de nos Aydes & Gabelles, Nous auós toufiours eftimé qu'encores feroient ils trouuez plus doux , puis que ce n'eftoit qu'à la diminution de nos droicts & reuenu, qu'vne bonne & longue Paix peut recompenfer & re-

stablir auec la bonne conduite & admini-
stration de nos Finances, Que si nous euf-
sions surchargé nos peuples de Tailles &
Impositiõs nouuelles qui euffent peu cau-
ser leur ruine & desolatiõ entiere. Et reco-
gnoissans que les deniers qui en font pro-
uenus, & doiuent prouenir sans aucun di-
uertissement, ne pourront quelque bon
mesnage que l'on y ayt peu apporter, suf-
fire à beaucoup prés pour acheuer ce que
nous auons si heureusement encommen-
cé : Nous auons de rechef faict examiner
diuerses propositions en nostre Conseil,
qui y ont esté faictes, pour fournir à la con-
tinuation de l'entretenement desdictes armees, desquelles nous n'auons resolu de
nous descharger, qu'aprer auoir restably
en tous les lieux, Villes & endroicts de no-
stredit Royaume, vne entiere & parfaicte
obeyssance à nos Loix & commandemens,
& reduit au deuoir par force ou autrement
ceux qui s'en sont distraicts & separez. En-
tre lesquels moyens, ayant esté iugé ne
pouuoir tirer vn plus prompt & asseuré se-
cours, ny moins preiudiciables au public
& au bien de nos affaires, que d'augmen-
ter le nombre de nos amez & feaux Conseillers, les Tresoriers generaux de France

aux Bureaux de nos Finances, en chacune
des Generaliiez de noſtredit Royaume,
iuſques au nombre de douze en chacun
Bureau, y en ayant deſ-ja vnze en aucuns
d'iceux, en d'autres moins: Attribuans par
meſme moyen à tous leſdits Treſoriers generaux le pouuoir & faculté d'ordonner
d'oreſnauant des deniers deſtinez pour les
Ponts & Chauſſees: Et reiettant la propo-
ſition qui auoit eſté faicte en noſtredit
Conſeil, de donner aux trois Controolleurs generaux des Finances de chacun
deſdits Bureaux, la qualité de Treſorier
general de France, & general des Finances, auec les meſmes gages, droicts & fon-
ctions attribuez auſdits Treſoriers generaux : Par le moyen de quoy, ils euſſent
eſté d'oreſnauãt treize en la pluſpart. SÇA-
VOIR FAISONS, que l'affaire mis en de-
liberation en noſtredit Conſeil, où eſtoiẽt
pluſieurs Princes & autres grands & notables perſonnages, DE L'ADVIS d'iceluy
& de noſtre propre mouuement, pleine
puiſſance & auctorité Royale, Auons par
cettuy noſtre preſent Edict perpetuel & irreuocable, ſtatué & ordonné, ſtatuons &
ordonnons, qu'en chacun Bureau de nos
Finances des Generalitez de noſtre Roy-

aume, il y aura vn mesme & pareil nombre
de nos amez & feaux Conseillers & Tresoriers generaux de France: Lequel nombre,
Nous voulons & ordonnons pour le bien
de nostre seruice, estre accreu & augmenté iusques à douze : Et laquelle augmentation de nombre desdits Offices , Nous
auons creé & erigé, creons & erigeons par
ces presentes , signées de nostre main , en
tiltre d'Office formez iusques audit nombre de douze en chacune Generalité , sans
que ledit nombre puisse cy apres estre accreu, pour quelque cause & occasion que
ce soit , ny ladite qualité & function de
Tresorier de France , attribuée , ores ny
pour l'aduenir ausdits Controolleurs generaux de nos Finances: Et à la charge que
vacation aduenant desdits Offices de Tresoriers generaux de France , par mort ou
forfaicture , ils seront reduits au nombre
ancien. Pour desdits Offices presentement
creez , estre par nous pourueus personnes
de capacité & experience requise , qui les
tiendront & exerceront aux mesmes honneurs, auctoritez, pouuoirs, seances, priuileges, exemptions , taxations, cheuau-
chées, espices, droicts de presence, de busche , de manteau, & autres droicts, profits

& esmolumens dont iouyssent les autres
Tresoriers generaux de France, establis és
Bureaux desdites Generalitez, sans aucune chose en excepter, comme si le tout
estoit cy par le menu specifié, & aux gages
de deux mil cinq cens liures chacun, dont
sera laissé fonds és Estats desdites Generalitez, respectiuement des pourueuz, en
vertu des quittances du Tresorier des parties Casuelles, payez par les Receueurs generaux de nos Finances, ainsi que les anciens. Ausquels, comme à ceux de la pre-
sente creation, Nous auons donné & attribué, donnons & attribuons l'intendance, pouuoir & faculté d'ordonner d'ores-
nauant en chacun desdits Bureaux des deniers destinez pour les Ponts & Chaussées
suiuant l'ordre & le fonds qui leur en sera
baillé par les Estats qui leur serõt enuoyez,
sans que pour ce ils soient tenus nous payer
aucune finance, dont nous les auons des-
chargez & deschargeons par cesdites presentes, reuoquans tous pouuoirs & Com-
missions qui pourroient auoir esté expe-
diez à quelques personnes, & par qui que
ce soit pour le faict de la cognoissance &
direction des deniers & ouurages desdits
Ponts & Chaussées. Si donnons en man-
dement

dement à nos amez & feaux Conseillers
les gens tenans nostre Cour de Parlement,
Chambre de nos Comptes , & Cour des
Aydes à Paris , que cestuy nostre present
Edict ils facent lire , publier & registrer,
garder, obseruer & entretenir, sans y con-
treuenir, ny souffrir qu'il y soit contreuenu
en quelque sorte & maniere que ce soit,
Nonobstant oppositions ou appellations
quelconques, dont si aucunes interuien-
nent, Nous auons retenu & reserué, rete-
nons & reseruons la cognoissance à nous
& à nostre Conseil d'Estat, & icelle inter-
dite & defendue, interdisons & defendons
à toutes nos Cours, Iuges & Officiers quelconques: Nonobstant aussi tous Edicts de
suppression, Reglemens, defenses & choses
quelconques à ce contraires, A quoy nous
derogeons, & à la derogatoire de la derogatoire y contenue par ces presentes. CAR
tel est nostre plaisir. Et afin que ce soit chose ferme & stable à tousiours, Nous auons
faict mettre nostre seel à cesdites presentes. DONNE au Camp deuant Clerac au
mois d'Aoust, l'an de grace mil six cens
vingt vn. Et de nostre regne le douziesme.
Signé, LOVIS, Et sur le reply, Par le Roy,
DELOMENIE. Et à costé, VISA, Et seellé

B

du grand seau de cire verte, sur lacs de soye
rouge & verte. Et sur ledit reply, est escrit.

*Leu, publié & registré, Ouy, & ce requerant
le Procureur general du Roy, pour estre executé
selon sa forme & teneur, à la charge que les deniers en prouenans seront employez à l'ĕtretene-
ment des armees, sans qu'ils en puissent estre diuertis ailleurs. A Paris en Parlement le quin-
ziesme iour de Septembre, mil six cens vingt-
un.*

Signé,　　　GALLARD.

Et sur le reply est encores escrit:

*Leu, publié & registré en la Chambre des
Comptes, ce requerant le Procureur general du
Roy, ayant égard à l'vrgente necessité des affaires de sa Maiesté, Pour iouyr par ceux qui seront
pourueuz desdits Offices, aux mesmes gages &
droicts dont iouyssent les anciens receuz, & aux
charges contenues en l'Arrest de ce faict, les
deux Semestres assemblez, le vingt-septiesme
iour de Septembre mil six cens vingt-un.*

Signé,　　　GOBELIN.

Est encores sur ledit reply escrit:

Leu, publié & registré en la Cour des Aydes,
Ouy, & ce requerant le Procureur general, Pour
iouyr par les impetrans desdites charges, confor-
mément à l'Arrest de verification de ladite Cour
du vingt-deuxiesme Feurier mil cinq cens cin-
quante deux. Faict à Paris en la Cour des Aydes
les Chambres assemblees , le huictiesme iour
d'Auril mil six cens vingt-deux.

Signé, PAVLMIER.

EXTRAICT DES REGI-
stres de la Chambre des Comptes.

VEV par la Chambre les Lettres patentes du Roy donnees au Camp deuant Clerac au mois d'Aoust dernier , si-
gnees de sa main , & sur le reply , Par le
Roy , De Lomenie. Par lesquelles & pour
les causes y conrenues, sa Majesté a par ledit Edict perpetuel & irreuocable , statué
& ordonné qu'en chacun Bureau de ses Finances des Generalitez de son Royaume,
il y aura mesme & pareil nombre de ses
Conseillers & Tresoriers generaux de
France. Lequel nombre elle veut & or-

donne pour le bien de son seruice, estre accreu & augmenté iusques à douze : Et ladite augmentation de nombre, cree & erigé en tiltre d'office formé, sans qu'il puisse
estre cy apres accreu, pour quelque cause
& occasion que ce soit, ny ladite qualité &
function de Tresorier de France attribuee,
ores, ny pour l'aduenir aux Controolleurs
generaux de ses Finances, à la charge que
vacation aduenant par mort, ou forfaicture, ils seront reduits au nõbre ancien, Pour
desdits Offices ainsi creez y estre par sadite Majesté pourueu de personnes de capacité & experience requise, aux mesmes
honneurs, auctoritez, pouuoirs, seance, priuileges, exemptions, droicts de presence,
de busche & de manteau, & autres droicts
profits & esmolumens attribuez aux anciens, de deux mil cinq cens liures de gages à chacun : Ausquels anciens pourueus
comme à ceux de ladite nouuelle creatiõ,
sadite Majesté a attribué l'intendance &
pouuoir d'ordõner en chacun desdits Bureaux des deniers destinez pour les Ponts
& Chaussees, ainsi que plus au long le con-
tiennent lesdites Lettres. Requeste pre-
sentee, tant par les Presidens & Tresoriers
generaux de France, des Generalitez res-

fortiſſantes en ladite Chambre, que par les
Preſidés & Treſoriers du Bureau de Moulins, Et par Maiſtre Louis Rouſſeau Secretaire du Roy, pourueu d'vn office de Treſorier de France en ladite Generalité de
Moulins. Arreſts interuenus ſur icelles des
dernier Aouſt dernier, & vingtdeuxieſme
de ce preſent mois, Par leſquelles ladite
Chambre leur auroit donné acte de leur
oppoſition à la verification dudit Edict
Cauſe d'oppoſition par eux fournies. Cõ-
cluſions du Procureur du Roy, Et tout cõ-
ſideré: LA Chambre, les deux Semeſtres
aſſemblez, ſans s'arreſter aux oppoſitions
formees par les Treſoriers generaux de
France, pour leſquelles ils ſe pouruoiront
par deuers le Roy, ayant eſgard à l'vrgente
neceſſité des affaires de ſa Majeſté, A ordonné & ordonne que ſur le reply dudit
Edict, ſera mis Leu, publié & regiſtré, ouy,
& ce requerant le Procureur general, Pour
iouyr par ceux qui ſeront pourueus deſdits
Offices, de meſmes gages & droicts dont
iouyſſent les anciens receus, ſuyuant les
Edicts Ordonnances & Reglemens de ladite Chambre, & qu'ils ſeront tenus reſi-
der és Villes de leurs Bureaux pour y exer-
cer leſdites charges, Que les deniers pro-

uenans defdits Offices , feront employez
au payemẽt des gens de Guerre, fans qu'ils
puiffent eftre diuertis: Et à cefte fin, que
les Treforiers des parties Cafuelles, de l'Ef-
pargne , Extraordinaire des Guerres , &
Artillerie, qui feront les maniement en feront recepte & defpenfe libellee par cha-
pitres feparez en leurs comptes. Et à ce
qu'ils n'en pretendent caufe d'ignorance,
que le prefent Arreft leur fera fignifié à la
requefte dudit Procureur general. Faict le
vingtfeptiefme iour de Septembre mil fix
cens vingt-vn.

Signé,   GOBELIN.

EXTRAICT DES REGISTRES
de la Cour des Aydes.

VE v par la Cour les Lettres patentes
du Roy en forme d'Edict , donnees
au Camp deuant Clerac, au mois d'Aouft
mil fix cens vingt vn , fignees, LOVIS. Et
fur le reply d'icelles, DELOMENIE. Et feel-
lees de cire verte , fur lacs de foye rouge &
verte , Par lefquelles, & pour les caufes y
contenues, fadite Maiefté ayant mis en de-
liberation en fon Confeil, où eftoyent plu-

sieurs & notables personnages : De l'aduis
d'iceluy, de son propre mouuement, pleine puissance & auctorité Royale ; Auroit
par ledit Edict perpetuel & irreuocable,
statué & ordonné qu'en chacun Bureau
de ses Finances des Generalitez de son
Royaume, Il y auroit vn mesme & pareil
nombre de Conseillers & Tresoriers generaux de France : Lequel nombre sadite
Maiesté auroit voulu estre encores augmenté iusques à douze, & laquelle augmē-
tation de nombre sadite Maiesté auroit
creé & erigé par ledit Edict en tiltre d'office formé iusques au nombre de douze en
chacune Generalité, sans que ledit nombre puisse estre cy apres accreu, pour quelque cause & occasion que ce soit, ny ladite
qualité & fonction de Tresoriers de France attribuee, ores, ny pour l'aduenir, aux
Controolleurs generaux des Finances : &
& à la charge que vacation aduenant desdits Tresoriers generaux de France, par
mort ou forfaicture, ils seront reünis au
nombre ancien : Pour esdits Offices presentement creez estre par sadite Maiesté
pourueu de personnes de capacité & experience requise, qui les tiendront & exerceront aux mesmes honneurs, auctoritez,

pouuoirs, seances, priuileges, exemptions & droicts, tout ainsi que iouïssent les autres Tresoriers establis és Bureaux desdites Generalitez, sans aucun en excepter, & aux gages de deux mil cinq cens liures chacun. Conclusions du Procureur general du Roy en ladite Cour du neufiesme du mois de Mars dernier : Tout veu & consideré, LA COVR a ordonné & ordonne lesdites Lettres en forme d'Edict, estre leües, publiees & registrees au Greffe d'icelle, Pour iouyr par les impetrans desdites charges, conformément à l'Arrest de verification de ladite Cour du vingt deuxiesme Feurier, mil cinq cens cinquante-deux. Prononcé le huictiesme iour d'Auril mil six cens vingt deux.

Signé,   P A V L M I E R.

Collationné aux originaux, par moy Conseiller, Secretaire du Roy,